URSEL SCHEFFLER

Das ABC Monster

Illustriert von Jutta Timm

„Aaah, eine Amsel!" rief das
ABC-Monster und kletterte auf
den Apfelbaum. Heute war A-Tag,
und da jagte es nach A-Sachen.
Aber die Amsel lachte bloß
spöttisch und flog davon.
Ärgerlich biß das Monster in
einen alten Ast vom Apfelbaum,
daß es nur so krachte. Danach
sah es sich nach anderen
A-Sachen um.
„A. Andersen" stand am Klingel-
schild des alten Hauses am
Anfang der Straße. Aber so sehr

sich das Monster auch bemühte,
es konnte das Schild nicht
anknabbern. Da kletterte es an
der Dachrinne nach oben.
Im Kinderzimmer der Andersens
brannte noch Licht. Neugierig
hüpfte das Monster auf die
Fensterbank. Auf dem Tisch
stand eine Schale mit einer
Ananas.
Mhm! Drei A's! Da lief ihm das
Wasser im Mund zusammen!
Aber leider war das Fenster
geschlossen! So mußte sich das
Monster mit einem Apfel aus
dem Apfelbaum begnügen.

„Bärenhunger habe ich heute!"
brummte das Monster am B-Tag
und kletterte in die Buche am
Baumweg. Dort biß es in Buch-
eckern und Buchenblätter.
Plötzlich bemerkte es, daß das
Fenster bei Andersens ein
bißchen offenstand. Rasch
kletterte es hinauf und sah
hinein. Auf einem Bett mit
blaukariertem Bettzeug saß ein
Kind mit einem Bilderbuch...
Auf dem Boden lag ein bunter

Ball, ein Bagger, Bauklötze
und ein kleiner brauner Bär.
„Beste brauchbare B-Sachen!"
brummte das Monster und zwängte
sich durch den Fensterspalt.
Es hüpfte auf den Boden und biß
in den bunten Ball.
„Wer bist du? Und was machst du
da?" rief eine empörte Stimme.
„Ich bin das ABC-Monster, und
heute ist mein B-Tag. Da fresse
ich B-Sachen!" krächzte das Monster
und begann krachend einen blauen
Baustein zu verspeisen.
„Warte, ich hol dir eine Banane",
sagte das Mädchen. „Von dem
Bauklotz kriegst du bloß Bauch-
schmerzen!"

Das Monster biß in die Banane. Es rollte mit den Augen und sah das Mädchen furchterregend an. Das Mädchen lachte.
„Hast du denn keine Angst vor Monstern?" erkundigte sich das seltsame Wesen überrascht und stopfte sich auch noch die Bananenschale in den Hals.

„Angst? Vor Monstern?
Ich mag Monster!" sagte das
Mädchen. Es hieß Claudia.

Claudia stand am nächsten Abend gespannt am Fenster und wartete. Ob das ABC-Monster wieder kam? Da hüpfte es schon auf die Fensterbank.
„Ch-ch-ch", keuchte es. „Es gibt so wenig C-Lachen, die wirklich gut schmecken."
„Ich hab dir Cola und Cräcker hingestellt. Aber wehe du knabberst meinen Clown an!" sagte Claudia und drohte mit dem Finger.

„Wie heißt du eigentlich?"
erkundigte sich das ABC-Monster
plötzlich.
„Das sag ich dir lieber erst
morgen!" antwortete Claudia und
lachte.

„Dreimal darfst du raten, worauf
ich heute Appetit habe", sagte
das Monster am nächsten Tag.
„Drops, Dosenmilch, Drachen-
schnur oder Dominosteine?"

„Donnerwetter! Du begreifst aber schnell!" staunte das Monster und naschte von den Dominosteinen, die ihm Claudia in einer Dose anbot. Als es satt war, rieb es sich den dicken

Bauch und sagte:
„Dideldumdei,
kein Platz mehr frei! -
Jetzt verrate mir deinen Namen!"
„Dreimal darfst du raten!" sagte
Claudia.
„Heißt du vielleicht Dora? Oder
Dagmar? Oder Daniela?"
Claudia schüttelte den Kopf und
sagte: „Falsch geraten. Ich
heiße Claudia!"
„Donnerwetter", sagte das
Monster und kratzte sich nach-
denklich am Kopf. „Hübsch. Aber
gestern hätte mir dein Name noch
besser geschmeckt!"
„Das kann ich mir denken!" sagte
Claudia fröhlich.

„Eeeeh! Her mit der Ente!" rief
das Monster am E-Tag und rannte
hinter dem Schnattertier zum
Ententeich. Fast hatte es die
Ente erreicht – da flog sie
davon.

Enttäuscht kletterte das Monster über die Efeuhecke zu Claudias Fenster.
"Du solltest Esel und Elefanten jagen, die können nicht davonfliegen", sagte Claudia und tröstete das ABC-Monster mit einem Teller Erdbeeren.

„Frische Fische, fünf Feigen
und ein Fitzelchen Fahrrad-
schlauch" wünschte sich das
Monster am F-Tag. Dann setzte
es sich auf die Fensterbank
und fraß und fraß . . .
„F-Tag ist für mich Freß- und
Freutag, besonders wenn er an
einem Freitag ist, wie heute.
Deshalb möchte ich dich zu einem
Fest einladen!" sagte das ABC-
Monster. Und dann faßte es
Claudia fest an der Hand.

Es führte sie in den Garten, wo in einem Festzelt zwischen den Feuerbohnen fünfundfünfzig große und kleine, dicke und dünne, rote und blaue, grüne und gelbe ABC-Monster saßen und aßen und aßen ...

„Gestern war es sehr lustig",
sagte das Monster am G-Tag
und weckte Claudia mit einer
großen Glocke.
„Ich bin noch müde, laß mich
schlafen!" bat Claudia.
„Das kannst du mir nicht antun!"
sagte das Monster beleidigt.
„Heute ist doch G-Tag, und am G-
Tag hab ich immer Geburtstag!"
„Das hab ich nicht gewußt!" sagte
Claudia und sprang aus dem Bett.
„Zum Glück hab ich ein Geschenk
für dich!" Sie gab ihm eine

große Tüte mit gelben und grünen Gummibärchen. Das Monster bedankte sich und stopfte eine Handvoll in den Hals. Dann gingen sie in den Garten. Und während das ABC-Monster von Gurken und Gemüse naschte, pflückte Claudia Gänseblümchen für einen Geburtstagsstrauß.

„Huh! Heute bin ich höllisch müde. Heute bleib ich wirklich zu Hause!" sagte Claudia am H-Tag.

„Dagegen hilft Holundersaft!
Holundersaft ist Muntersaft",
behauptete das ABC-Monster und
hüpfte, flink wie ein Hase, auf
der Bettkante hin und her.
Aber Claudia ließ sich nicht
überreden.
„HHHuahhh!" gähnte sie und
zog die Bettdecke bis über die
Nasenspitze.
„He! Halt! Hör zu!" rief das ABC-
Monster. „Ich erzähl dir eine
Geschichte. Eine H-Geschichte:
,Hinter Hugos Hasenhaus hüpfen
hundert Hasen raus . . .'"
„Das heißt doch ganz anders!"
brummte Claudia, drehte sich um
und schlief - hokuspokus - ein.

26

„Igittigitt! Wie siehst du denn heute aus!"

rief Claudia entsetzt, als das ABC-
Monster am I-Tag zum Fenster
hereinspazierte.
„Ich hab mich wie ein Igel
frisiert, und ich finde das
irgendwie niedlich!" kicherte
das Monster. „Und wie gefällt dir
mein I-Shirt?"
„Das heißt doch T-Shirt!"
verbesserte Claudia das Monster.
„Du irrst! Es hat schließlich
Punkte. I-Punkte. Und deswegen
ist es ein I-Shirt!" erklärte
das ABC-Monster gekränkt.

„Juhu! Heute ist J-Tag. Heute gehe ich jagen!" rief das ABC-Monster am J-Tag.
„Und was willst du jagen?" erkundigte sich Claudia.
„Einen jungen Jaguar!" behauptete das ABC-Monster.
Lachend zog Claudia ein Jojo aus ihrer Jackentasche und sagte: „Du kannst es fressen, aber man kann auch damit jonglieren!"
„Juhu, ein Jojo!" juchzte das Monster und hüpfte wie ein Gummiball auf und ab.

„Komm, Claudia, komm! Heute mußt du mit mir in den Kastanienbaum klettern!" bettelte das ABC-Monster am K-Tag.
„Ich muß meinen Korb mitnehmen", sagte Claudia. „Da ist Kakao und Kuchen drin. Kekse und Kümmelstangen."
Als sie im Kastanienbaum saßen, erschien ein Geist mit glühenden Augen, der schrecklich fauchte.
Das Monster erschrak und zitterte vom Kopf bis zu den kleinen Knien.

„Keine Angst!" rief Claudia. „Das ist doch bloß die Katze aus Kerstins Kohlen-Keller!"

„Langsam, langsam!" rief Claudia, als sich das ABC-Monster am L-Tag über die Leberwürste, die Lutschbonbons, die Lachpastete und die Lebkuchen hermachte.
„Nicht alles auf einmal. Du verdirbst dir sonst gleich den Magen!"
„La-le-li-lo-lu, das denkst du!"

sang das Monster und mampfte
lustig weiter: 2 Lederschuhe,
1 Luftpumpe, 3 alte Lottozettel,
1 Lampion, 7 Lollis und einen
lila Lampenschirm.
„Lecker! Lecker!" lachte das
Monster zufrieden und verlangte
zum Schluß noch einen Löffel
Lebertran.
Claudia schüttelte sich und meinte
entsetzt: „Jetzt hast du bestimmt
deinen Magen ausgeleiert."
„Nein, jetzt fühle ich mich ganz
leicht!" behauptete das Monster.
Es blies einen Luftballon auf.
Es zündete das Licht in seiner
kleinen Laterne an und schwebte
wie ein Luftgeist davon.

„Magenschmerzen! Bestimmt hat es Magenschmerzen!" dachte Claudia, als das Monster am nächsten Morgen nicht auftauchte.
Aber da irrte Claudia.
Das ABC-Monster trieb sich auf der Müllhalde herum und jagte zwischen Müll und alten Möbeln mit seiner Mütze nach Motten und Mäusen. Das war seine Lieblings-Monster-Mahlzeit am M-Tag. Und

es war sicher, daß Claudia nichts dergleichen anzubieten hatte.
Als es den ganzen Tag nicht mehr auftauchte, meinte Claudia enttäuscht: „Meinetwegen soll es doch bleiben, wo es will. Dann werde ich eben meine Marzipanschokolade alleine essen!"

„Na, da bist du ja wieder!" sagte Claudia, als das Monster am N-Tag auf der Gardinenstange herumturnte. Es war dick und kugelrund.

„Heute hab ich nichts für dich!
Nichtmal einen Nagel. Ich wußte
nicht, ob du kommst!" sagte
Claudia und rieb sich die Nase.
„Das macht nichts!" antwortete das
Monster. „N-Tag ist Null-Tag. Da
gibt es nichts zu essen! Ich bin
noch ganz satt von gestern und
vorgestern."
„Nudeldick siehst du aus!"
bestätigte Claudia.
„Na, na, nun übertreib mal nicht!"
sagte das ABC-Monster und zog den
Bauch ein. Es erzählte von seinen
schaurigen M-Abenteuern. Doch ehe
es in die Nacht hinausging, holte
Claudia aus ihrem Nachttischchen
neun Nüsse.

"Oh, was hast du dir heute Feines ausgedacht!" rief das ABC-Monster überrascht und leckte sich die Lippen. Es hüpfte zu der Schüssel mit dem kleingeschnittenen Obst.
"Ooooch, Ananas und Bananen, das kann ich heute leider nicht vertragen", sagte das ABC-Monster enttäuscht.
"Das ist doch OOObstsalat mit vielen Orangen!" rief Claudia.
"Oooooh, Obstsalat! Was für eine hübsche Idee!" sagte das Monster und ließ es sich schmecken.

„Laß Papas Post in Ruhe!" rief Claudia erschrocken, als das ABC-Monster am P-Tag das Packpapier an einem von Papas Paketen beknabberte.

Das ABC-Monster hopste vom
Poststapel und erkundigte sich
listig: „Kann ich dann wenigstens
Pobstsalat bekommen? Ich habe
solchen Appetit!"
„Geschummelt wird nicht",
protestierte Claudia. „Außerdem
habe ich eine leckere Peter-
silien-Pastete für dich
gebacken."
„Monster vertragen keine
Petersilie!" knurrte das ABC-
Monster ärgerlich.
„Dann mußt du eben Peters
Pumpernickel und Papas
Pampelmusen probieren",
brummte Claudia.

„Q-Tag ist Quatschtag", quakte
das Monster und machte einen
Kopfstand auf der Quetschkommode.
„Ich hab mir so etwas Schönes für
dich ausgedacht. Das war heute
gar nicht so leicht", sagte
Claudia, nachdem das quickleben-
dige Monster mit seiner Vorfüh-
rung fertig war.
„Das kann ich mir vorstellen.
Am Q-Tag finde ich selten etwas
Genießbares! Nun sag schon, was
du für mich hast!" quengelte das
ABC-Monster.

"Quark mit Quittengelee", sagte Claudia.
"Quark mit Quitte, Quark mit Quitte!" quiekte das Monster und hüpfte quietschfidel auf und ab.
"Ich fürchtete schon, du würdest mich mit Quallen quälen!"

„Regen, nichts als Regen!" sagte
Claudia beim Mittagessen. Sie
hatte sich Reis und Rhabarbergrütze gewünscht. Das paßte so
gut zum R-Tag.
Als Claudia in ihr Zimmer ging,
machte sie ihre Rechenhausauf-
gaben, und dann deckte sie den
runden roten Tisch für das ABC-
Monster.
Aber als es kam, krächzte es:
„Ich habe schon eine Riesen-
portion Regenwurmsalat mit Rasen-
stückchen gegessen. Was ich zum

Nachtisch noch verdrücken könnte,
wären allerdings noch ein paar
Rostflecken." Rasch leckte es
ein paar kleine braune Flecke von
Claudias Bettlaken. Dann packte
es Claudia, und sie tanzten
Ringelreihen mit der Puppe Rosi
und einem roten Regenschirm.
Es war ein Riesenspaß.
Hinterher aßen sie Claudias
Reis und die Rhabarbergrütze.
War es ein Wunder, daß das
Monster danach ein bißchen
rülpste?

"Siehst du, da bin ich wieder!"
sagte das ABC-Monster am S-Tag.
"Und was hast du in dem Sack?"
"Sieben Salamis an einem Seil!"
sagte das Monster und lachte.
"Aber jetzt möchte ich gern mit
dir Sackhüpfen und Seiltanzen
spielen."
Eine Weile tobten die beiden im
Garten herum, bis das Monster
stehenblieb und sagte:
"Der S-Tag ist ein gefährlicher
Tag. Da darf ich nämlich keine
Sachen mit Sch erwischen,

sonst bekomme ich Durchfall, und Wörter mit St bereiten mir Zahnschmerzen."

„Stock und Stein!"
„Hör auf, hör bloß auf!" rief
das Monster und hielt sich die
Backe. „Das verdirbt mir den
ganzen S-Tag."
„Schweinebraten? Schwarte?
Schwebebahn?"
„Hör auf, ich muß mal . . .", rief
das Monster und rannte hinaus.
Als das Monster erleichtert
zurückkam, grinste Claudia und
sagte: „Wie findest du Sauerkrauteis
mit Semmelknödeln, Senf und süßer
Sahne?"
„Köstlich!" rief das Monster.
„Schrecklich!" sagte Claudia und
schüttelte sich.

„Tätärätätää! Da bin ich wieder!"
rief das Monster und kam mit
einer großen Trompete zur Tür
herein.

„T-Tag ist Tee-Tag", sagte
Claudia. „Ich habe drei verschie-
dene Sorten Tee für dich ge-
kocht. Dazu gibt es Teekuchen,
Torte und Tannenhonig."
Das ABC-Monster trank tat-
sächlich drei Tassen Tee mit
Tannenhonig und Traubenzucker.
Es fraß Torte und Teekuchen.
Zum Schluß verschlang es auch
noch die Teekanne, den Teller und
den Teelöffel. Dann tanzte es
zwischen den Teetassen und
spielte auf seiner Trompete das
Lied vom türkischen Truthahn
Tomtü und dem tüchtigen Tiger
Tingo. Tomtütitimtätätätä.

"Unverschämtheit!" schimpfte das ABC-Monster, als es am nächsten Tag um neun Uhr zum Frühstück kam.
"Dieser Uhu hat mich die ganze Nacht nicht schlafen lassen!"
"Warum hast du ihn nicht einfach aufgefressen?" erkundigte sich Claudia lachend.
"Wollt' ich doch", sagte das ABC-Monster zerknirscht. "Aber als ich mich anschlich, ergriff er die Flucht und flog auf die Turmuhr."

„Was geb ich dir bloß zum
Frühstück?" grübelte Claudia.
„Ich glaube, ich seh schon was!"
rief das Monster und stürzte sich
auf Claudias Unterhemd und
Unterhose.
„Du bist unmöglich!" rief
Claudia entsetzt.
Dann mampfte es noch die Uhr.
„Nun gut, die war sowieso
kaputt!" seufzte Claudia und ließ
sich auf den nächsten Stuhl fallen.

„Verzeihung, daß ich so spät
komme. Dafür hab ich dir etwas
Schönes mitgebracht!" sagte das
ABC-Monster und überreichte
Claudia mit einer
kleinen Verbeugung
ein Veilchen-
sträußchen.
„Wie nett von dir.
Ich dachte,
du hättest
meinen Geburtstag
vielleicht aus Versehen
vergessen!" rief Claudia.

„Ich hab noch ein Geschenk für dich!" sagte das Monster. Und dann holte es aus seiner vorderen Tasche ein grüngetupftes Vogelei und eine bunte Vogelfeder.

„Weißt du, was ich heute möchte?" sagte das ABC-Monster am W-Tag.
„Heute möchte ich am liebsten Wolken essen!"
„Das geht doch nicht!" sagte Claudia. „Dazu brauchst du eine Wolkenleiter!"
„Dann werde ich weggehen und mit

meinem Wagen auf Wald- und
Wiesenwegen W-Sachen sammeln!"
sagte das Monster würdevoll.
„Ich wünsch dir viel Glück!"
rief Claudia, als das Monster
davonwatschelte.
Es war wirklich den ganzen Tag
unterwegs und sammelte in seinem
Wagen Walderdbeeren, Wicken,
Wiesenschaumkraut, Wacholder,
Wollgras, einen Wegweiser,
Wasserpflanzen, ein Witzbuch,
Wurstreste, eine Waschmaschine
vom Waldrand und einen weg-
geworfenen Wetterhahn.
Als es ein Weilchen Rast machte,
tanzte eine kleine Wanze auf der
Wagendeichsel Walzer.

„X-Tag! Was mach ich bloß am X-Tag?" grübelte Claudia den ganzen Tag. Und dann hatte sie eine Idee. Sie holte Mutters Kochbuch und mixte einen Teig. Daraus formte sie ein wunderschönes X und schob es in den Ofen.
„Oh, so ein schönes X! Kannst du hexen?" sagte das Monster und biß fix in das knusprige X.
Claudia spielte dazu ein paar Takte auf dem Xylophon. Das Monster wiegte seinen struppigen Kopf im Takt und sang dazu.

„Y ist ein seltener Buchstabe!
Ich mußte sehr lange suchen!"
sagte Claudia am Y-Tag und gab
dem Monster einen
Becher mit Yoghurt.
Dann machte sie
einen Handstand
und sah selbst
wie ein Y aus.
„Wehe du frißt
mich auf!"
sagte Claudia
zum ABC-Monster
und lachte.

„Zum Abschied hab ich eine
Überraschung für dich!"
sagte das ABC-Monster am Z-Tag
und gab Claudia ein Päckchen.
„Was heißt zum Abschied? Kommst
du morgen nicht wieder?"
„Morgen ist ein Jahr um!" sagte
das Monster betrübt.
„Wieso denn? Wir kennen uns doch
erst 25 Tage!" protestierte
Claudia.
„Das ABC-Monster-Jahr hat 26
Tage", erklärte das Monster.
„Deshalb bin ich auch schon 364

Jahre alt und doch nur doppelt so alt wie du!"

„Das kann ich leider so schnell nicht nachrechnen", sagte Claudia. „Aber warum willst du nicht wiederkommen?"

„Nun, morgen ist wieder A-Tag!" antwortete das Monster. „Da fängt doch wieder alles von vorne an."

„Na und? Wirst sehen, mir fallen die tollsten A-Sachen ein."

„Sag mal . . .", fragte das Monster zögernd, „kennst du dich auch mit Zahlen aus?"

„Na, klar", antwortete Claudia. „Ich geh doch schon ein Jahr zur Schule!"

„Dann könnte ich ja meinen
Zwillingsbruder, das Zahlen-
Monster, mitbringen?"
„O ja, das wird bestimmt
lustig", rief Claudia vergnügt.
„Aber jetzt will ich erst mal
sehen, was in dem Päckchen ist!"
„Natürlich etwas mit Z", sagte
das ABC-Monster:

„Es hat Borsten
und ist kein Tier,
es hat einen Stiel
und ist keine Blume."
„Jetzt weiß ich's!" rief Claudia.
„Es ist eine Z . . . . !"

Hast du es auch erraten?

CIP-Kurztitelaufnahme der Deutschen Bibliothek

Scheffler, Ursel:
Das ABC-Monster / Ursel Scheffler
– München : F. Schneider, 1987.
  Text in Schreibschr. für jüngste Leser
  ISBN 3-505-09505-2

© 1987 by Franz Schneider Verlag GmbH
80807 München · Frankfurter Ring 150
Alle Rechte vorbehalten
Umschlagkonzeption: Heinz Kraxenberger
Titelbild und Illustrationen: Jutta Timm
Herstellung: Brigitte Matschl
Satz: TypoBach, München
Druck: Staudigl-Druck, Donauwörth
ISBN: 3 505 09505 2